LES CAHIERS BIEN DANS MA VIE !

DÉCOUVRIR LA SOPHROLOGIE

C. CHELIN DESVIGNE

EDITIONS PRISMA

Directeur : Pierre-Olivier Bonfillon
Directrice éditoriale : Françoise Kerlo
Responsable d'édition : Virginie Hamelin
Chef de fabrication : Flora Bellanger
Correction et relecture : Annabelle Biau-Weber
Mise en page : Chloé Sadoun
Illustrations de couverture : Fotolia / © jongjawl
Illustrations intérieures : Cléo Wehrlin, Fotolia © zera93 page 17 et Fotolia © macrovector page 56

ISBN : 978-2-8104-2416-0
Imprimé en Pologne par Dimograf

MIXTE
Papier issu de sources responsables
FSC www.fsc.org FSC® C018236

LES CAHIERS BIEN DANS MA VIE !

Vivez-vous pleinement votre vie ou suivez-vous un chemin tracé par d'autres ?

La meilleure façon de le savoir est de vous laisser guider au fil de cet itinéraire conçu pour vous aider à peaufiner « votre » recette du mieux-être, voire du bonheur…

Rédigé par des experts reconnus, chaque cahier vous propose des outils et des axes de réflexion pour vous permettre de pratiquer et de progresser simplement, à votre rythme, chez vous, et d'en ressentir rapidement les bienfaits.

Crayon en main, empruntez ce chemin fait de petits pas et de grandes étapes pour vivre mieux.

EN BONUS : 100 STICKERS !

Utilisez-les :

- **comme marque-pages et mémos ;**
- **pour suivre votre progression dans ce cahier :**

- **pour réaliser les activités. Vous y serez invité par ce pictogramme** STICKERS
- **pour vous inspirer, avec des citations et des dessins à coller où vous voulez !**

VOTRE PARCOURS PAS À PAS

6 • Comment vous sentez-vous ?
8 • Qu'est-ce que la sophrologie ?
12 • Maîtrisez votre respiration
14 • La spirale négative et son antidote
16 • Avez-vous les pieds sur terre ?
18 • Relâchez votre tête
20 • Ressentez votre corps
22 • Où en êtes-vous aujourd'hui ?
24 • Étirez votre corps
26 • Relaxez-vous en bougeant
28 • La cascade qui libère
30 • Votre échelle de tensions
32 • Le jeu des sensations
34 • Le pouvoir des mots et des pensées
38 • Construisez un état intérieur positif
40 • Concentrez-vous sur un élément naturel
42 • Le lac qui apaise l'esprit
44 • Dessinez et respirez pour vous concentrer
46 • Allez au bord du sommeil
50 • Créez votre madeleine de Proust
[illegible] • Développez une ressource positive
56 • Votre boîte à outils
58 • Notez vos progrès
60 • Pour aller plus loin…
62 • Les 10 commandements de la sophrologie

La sophrologie… Nous en entendons de plus en plus souvent parler
sans savoir réellement de quoi il s'agit !

Ce cahier d'exercices vous accompagnera dans vos premiers pas
grâce à une méthode qui vous aidera à vous sentir mieux au quotidien,
à relâcher la pression et à renouer avec le bien-être physique et mental.

De la respiration, de la relaxation, de la méditation de pleine conscience,
de l'hypnose, du yoga…
La sophrologie est un zeste de toutes ces pratiques et bien plus !

Découvrez comment retrouver le calme intérieur en quelques séances,
à votre rythme et selon vos besoins et vos envies.
Vous apprendrez ainsi à optimiser votre respiration, à relâcher votre tête
et détendre vos yeux, à étirer votre corps et à vous relaxer même dans
le mouvement, à comprendre le pouvoir de vos pensées, à créer des souvenirs
positifs, à descendre au bord du sommeil… bref, à ressentir plus de positif.

Nous vous souhaitons un bon voyage au pays de la sophrologie !

COMMENT VOUS SENTEZ-VOUS ?

Cochez les losanges qui vous correspondent.

- Vous êtes débordé par les tâches du quotidien.
- Vous savez prendre du temps pour vous.
- Vous êtes souvent fatigué.
- Vous êtes en pleine forme.
- Votre sommeil est souvent perturbé.
- Vous dormez comme un bébé.
- Vous vous inquiétez régulièrement.
- Vous êtes optimiste de nature : tout finit par s'arranger.
- Vous supportez mal la pression.
- Vous savez relativiser.
- Vous perdez vite patience, vous vous énervez pour un rien.
- Vous contrôlez vos émotions.
- Un entretien professionnel ou un examen vous déstabilise ou vous paralyse.
- Vous savez rester calme et maître de vous-même lorsqu'il le faut.

- Votre corps somatise, il vous envoie des signaux désagréables (maux divers...).
- Vous n'allez presque jamais chez le médecin.
- Vous prenez souvent des médicaments contre la douleur.
- Vous prenez très rarement des médicaments.
- Vos pensées sont souvent obsessionnelles et tournent en boucle.
- Vous maîtrisez vos pensées.
- Il vous est difficile de rester concentré sur une tâche.
- Vous n'avez pas de problème de concentration.
- Vous n'avez pas le temps de profiter de votre famille ou de vos amis.
- Vous prenez le temps de lire, écrire, ou jouer avec les enfants.
- Votre respiration est automatique, vous n'y pensez pas.
- Vous savez utiliser votre respiration pour vous apaiser.

Plus de 9 phrases vertes : Vous êtes souvent débordé par les contraintes de la vie, tout est à flux tendu. Avec un peu d'entraînement, ce cahier vous aidera à vous retrouver et vous donnera de nouvelles pistes pour vous sentir mieux.
De 4 à 9 phrases vertes : Vous avez des hauts et des bas, votre équilibre est instable. En pratiquant les exercices de ce cahier, vous ferez pencher la balance vers une plus grande stabilité physique, mentale et émotionnelle.
Moins de 4 phrases vertes : Vous avez un bon équilibre de vie, ce cahier vous aidera à l'approfondir et à le renforcer.

STICKERS Placez le sticker ICI sur la règle en fonction de vos réponses

1 2 3 4 5 6 7 8 9 10 11 12 13

QU'EST-CE QUE

Suivez les fils pour découvrir ce qu'est la sophrologie.

La sophrologie, c'est **l'école du Positif** (sensations, perceptions et visualisations), qui vous permet de vous sentir bien dans votre corps et dans votre tête, pour mieux gérer votre stress, vos difficultés et vos émotions.
La sophrologie se pratique **partout**, au quotidien, à la maison comme au travail, dans le calme **mais aussi** dans le bruit.

LA SOPHROLOGIE ?

- L'exploration d'un nouvel état plus profond que la relaxation, en allant au bord du sommeil sans dormir, en restant conscient, pour découvrir vos ressources et de nouvelles possibilités pour aller mieux.
- De la respiration.
- De la relaxation, pour un bien-être physique et mental.
- Un peu de méditation de pleine conscience, pour être plus présent et calmer vos pensées.
- Des visualisations pour mieux vivre le futur.
- Des exercices pour être ancré et présent, pour retrouver de l'énergie, être concentré, s'apaiser.
- Des exercices physiques dynamiques (mouvements, contractions, étirements doux), un peu comme au yoga, pour apprendre à ressentir votre corps, pour aller plus loin dans la détente en bougeant, et pour effacer les messages corporels négatifs.
- Une recherche de mots et d'images positifs, pour mieux vivre le présent.

La sophrologie permet de trouver le calme à l'intérieur de soi, même si, à l'extérieur, l'agitation règne.
Elle permet de savourer la vie au **présent**, de retrouver et réactiver des ressources du **passé**, et se projeter positivement dans le **futur**. Elle améliore la mémoire et la concentration.

La sophrologie est une question d'équilibre (corps – émotions – pensées) pour découvrir votre potentiel, vos capacités, votre « génie » !

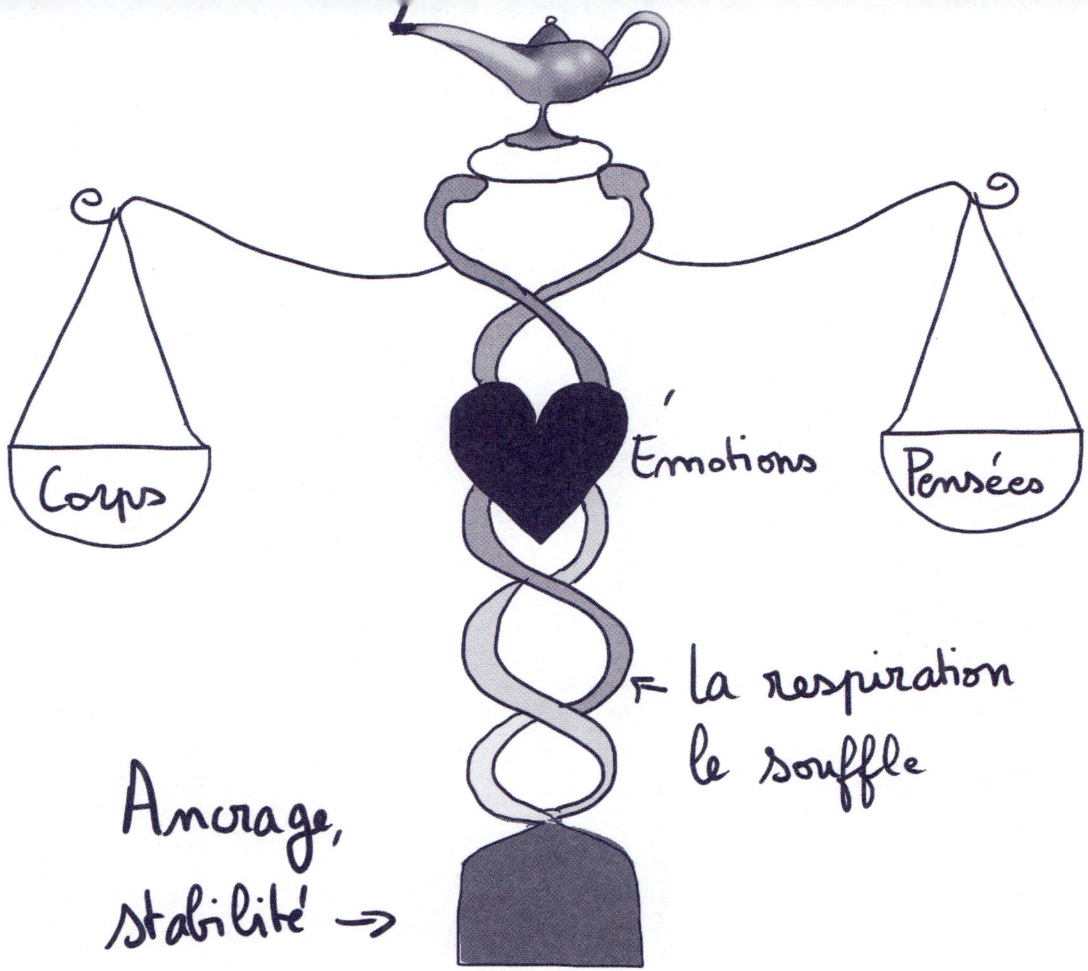

« Nous sommes les possesseurs de pouvoirs immenses dont nous ne soupçonnons pas même l'existence. Le cerveau et le corps humain détiennent des capacités inouïes que nous pouvons développer et activer. » Dr Frédéric Saldmann, cardiologue

MAÎTRISEZ VOTRE RESPIRATION

Le souffle, c'est la vie qui circule. Il régule notre système nerveux, notre circulation sanguine et oxygène nos muscles.
La respiration est la seule fonction vitale que l'homme puisse maîtriser.
Elle fait le lien entre le **corps** et les **pensées**.

1re étape
Installez-vous en position assise, le dos droit, les pieds à plat sur le sol, une main sur le ventre, l'autre sur la poitrine.
Videz vos poumons en soufflant.
Inspirez tranquillement par le nez en sentant votre ventre se gonfler comme un ballon. L'air monte dans la poitrine, les côtes s'écartent et les clavicules se soulèvent.
Retenez l'air quelques secondes.
Expirez doucement par la bouche jusqu'à sentir votre ventre se dégonfler entièrement.

BÉNÉFICES Vous oxygénez tout votre corps de la tête aux pieds.

2e étape
Comptez de 1 à 3 à l'inspire.
Faites une pause en comptant 1 et 2.
Comptez de 1 à 5 à l'expire.
Faites une pause en comptant 1.
Continuez les respirations en cherchant votre propre rythme, celui qui sera confortable pour vous.
Vous pouvez augmenter progressivement l'amplitude de vos poumons en gonflant davantage le ventre à l'inspire et en le vidant davantage à l'expire.

BÉNÉFICES En ralentissant votre respiration, vous ralentissez vos battements cardiaques et apaisez vos émotions.

3e étape
Observez votre ventre qui se gonfle et se dégonfle tout seul alors que votre poitrine ne bouge presque plus.

BÉNÉFICES
Cette respiration abdominale calme et masse vos organes tout en relâchant votre diaphragme.

4e étape
À chaque inspire, imaginez que l'air qui entre par votre nez prend une couleur claire, agréable.
À chaque expire, imaginez que l'air prend une couleur sombre et que vous rejetez les toxines à l'extérieur de votre corps.

BÉNÉFICES
Vous prenez peu à peu l'habitude de mettre à l'extérieur ce qui vous dérange (le négatif).

5e étape
Prenez conscience de la température de l'air qui entre par votre nez et sort par votre bouche. Serrez un peu vos lèvres pour laisser uniquement passer un petit filet d'air et écoutez le son de votre souffle.

BÉNÉFICES
Vous êtes présent à vous-même et plus calme.

Commencez par réaliser ces respirations 3 minutes le matin et 3 minutes le soir, simplement pour vous concentrer sur votre respiration et pour sentir les mouvements de votre ventre. Puis pratiquez autant de fois que vous le souhaitez.

LA SPIRALE NÉGATIVE ET SON ANTIDOTE

1. Quand vous avez une pensée négative…
(par exemple, vous passez un examen et vous vous dites : « J'ai un examen. Oh ! je ne vais pas y arriver ! »)

2. … Cela entraîne une émotion négative (vous avez peur).
Votre respiration s'accélère, votre cœur bat très vite, votre ventre se noue, votre estomac se contracte et vos jambes flagellent…

3. Du coup, vous vous sentez encore plus mal.
(Vous pensez : « Aïe, aïe… Je ne contrôle plus mon corps, c'est sûr, ça va mal se passer !)

4. Vous respirez encore plus vite, votre cœur s'emballe davantage et votre mal-être empire…

« Vos émotions suivent vos pensées aussi sûrement que les canetons suivent la cane sur la mare. Mais le fait qu'ils avancent docilement derrière leur mère ne prouve pas que celle-ci sache où elle va ! » David Burns

Vous pouvez interrompre cette spirale infernale avec cet antidote : la maîtrise de votre respiration !

Dès que possible, pratiquez les 5 étapes de la respiration vues précédemment. Votre cœur ralentira, votre corps s'apaisera, vos pensées se calmeront. Enfin, vous récupérerez et vous pourrez vous dire : « Je suis calme pour passer mon examen ! »

STICKERS

Décrivez votre propre spirale émotionnelle en collant les stickers "pensées" ( ) et "émotions" ( ) dans les colonnes du tableau.

Situation (à décrire)	**Pensées**	**Émotions**	**Réactions physiques avant la respiration**	**Réactions physiques après la respiration**

AVEZ-VOUS LES PIEDS SUR TERRE ?

Nous sommes souvent dans nos pensées, donc dans notre tête, qui se retrouve à des milliers de kilomètres de notre corps. Nous sommes éloignés de notre centre de gravité. Il est important de retrouver la conscience de nos pieds en contact avec la terre pour retrouver notre centre.

« La gravité est la racine de toute grâce ! » Lao Tseu

BÉNÉFICES

Être bien en équilibre sur vos deux pieds vous donnera plus d'assurance et de confiance en vous lors d'une intervention orale (face à un supérieur hiérarchique, par exemple). Bien centré, votre discours devient cohérent et plus affirmé. Plus vous serez ancré, moins vous serez déstabilisé ou vulnérable. Vous aurez une meilleure stabilité émotionnelle et psychologique.

Placez-vous en position debout, les pieds écartés de la largeur du bassin, parallèles, les genoux légèrement fléchis et souples, avec une légère bascule du bassin (dos plat). Tout le poids de votre corps est équilibré entre la base des orteils et les talons.

Trouvez l'équilibre entre l'intérieur et l'extérieur de votre pied : soyez bien stable, exercez une pression identique entre le pied droit et le pied gauche.

Desserrez les mâchoires, laissez retomber les joues, les épaules et les bras. Ouvrez vos doigts, relâchez votre ventre, vos fesses. Respirez avec le ventre.

Maintenez votre dos bien droit. Relâchez tout ce qui peut l'être.

Sentez bien vos pieds à plat, telles des ventouses, comme si vous vous enfonciez dans le sol, avec des racines sous vos pieds qui s'enfoncent au centre de la terre.

Testez cette posture dans la file d'attente de la caisse du supermarché ou debout au travail, sans vous fatiguer.

RELÂCHEZ VOTRE TÊTE

Savez-vous que le relâchement de la tête entraîne le relâchement du reste du corps et que celui des yeux apaise le mental ?

Détendez votre tête pour ne plus vous sentir comprimé ou en ébullition.

Apaisez vos tensions oculaires liées au travail sur écran (téléphone, ordinateur).

Dénouez votre gorge et laissez sortir les mots simplement.

Libérez vos mâchoires et leur impact sur tout votre squelette.

Obtenez plus de souplesse dans les mouvements de votre nuque.

STICKERS

Positionnez le sticker
en face de l'exercice qui vous soulage le plus.

Détendez vos yeux

Pendant 20 secondes, fixez votre pouce, bras tendu devant vous, sans cligner des yeux, et ramenez-le doucement au plus près de vos yeux.
Fermez doucement les yeux et ressentez le bien-être qui vous envahit.
Soupirez et recommencez 2 ou 3 fois.
Vous pouvez changer de pouce.
Confortablement assis, posez vos coudes sur une table et frottez vigoureusement vos mains l'une contre l'autre pendant 1 à 2 minutes.
Puis posez la paume de votre main gauche sur votre œil gauche et la paume de votre main droite sur votre œil droit, doigts croisés sur votre front.
Ressentez le calme dans vos yeux.
Après un travail sur écran prolongé.

Dénouez votre gorge

Debout ou assis, inspirez et retenez votre souffle puis, tout en expirant, prononcez les voyelles le plus fort et le plus longtemps possible, tout en relaxant votre gorge, votre nuque, vos épaules et vos doigts : « AAAAA... EEEEE... III... OOO... UUU... O-U-O-U-O-U... »
Puis bâillez très fort, la bouche grande ouverte.
Chez vous, tranquillement.

Et enfin, relaxez votre nuque

Doucement, car les cervicales sont souvent sensibles !
Laissez tomber vos bras, inspirez et retenez votre souffle.
Imaginez que vous avez un crayon au bout du nez : dessinez une spirale avec de petits mouvements circulaires de la tête.
Partez du centre du visage puis élargissez la spirale progressivement avec des mouvements très doux, lents, conscients, sans forcer. Expirez lorsque vous avez dessiné le cercle le plus large possible avec votre tête. Le crayon au bout de votre nez se transforme en gomme. À nouveau, inspirez, retenez votre souffle et effacez votre spirale doucement, avec des mouvements circulaires de l'extérieur vers le centre.
Lorsque votre tête a retrouvé sa position bien droite, expirez.

RESSENTEZ VOTRE CORPS

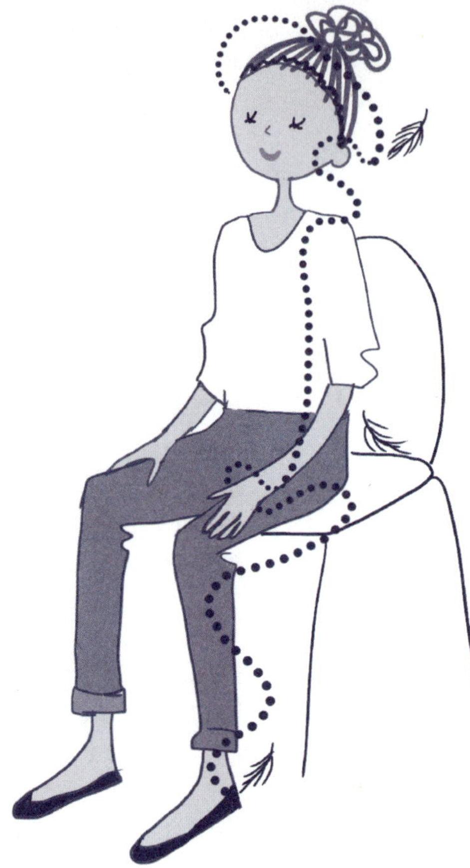

* Installez-vous en position assise, le dos droit. Fermez les yeux.
* Prenez conscience de vos points d'appui (le sol, la chaise, le contact de vos mains posées sur vos genoux), des pressions plus ou moins fortes exercées à différents endroits de votre corps, de vos vêtements (leur chaleur, leur texture).
* Prenez conscience de votre respiration, de la température de l'air qui entre et sort de votre nez ou de votre bouche, du va-et-vient de votre souffle et des mouvements de votre ventre.
* Relâchez l'ensemble de votre corps. Imaginez qu'une plume parcourt tous les contours de votre corps comme si elle le dessinait, en commençant par le sommet de la tête. Observez chaque partie de votre corps se détendre au moment du passage de la plume.
* Ressentez votre peau qui vous enveloppe. Vous, vous êtes à l'intérieur.
* Écoutez les sensations de picotements dans votre corps (visage, doigts, mains, pieds) et votre musique interne (battements du cœur, borborygmes).
* Soufflez profondément et inspirez plus amplement. Étirez-vous, bâillez et ouvrez les yeux.

« Le véritable voyage, ce ne serait pas d'aller vers d'autres paysages, mais d'avoir d'autres yeux. » Marcel Proust

En prenant conscience de votre posture, vous ramenez votre attention sur le présent. En écoutant les sensations de votre corps, votre observation s'affine. En fermant les yeux, vous vous coupez du monde extérieur et commencez à vous apaiser.
En observant les différentes parties de votre corps ainsi que sa délimitation avec la chaise, le sol et l'environnement extérieur (la pièce, l'air), vous prenez conscience de vous-même, de votre juste place, de votre volume.
Lorsque vous relâchez vos muscles, vos vaisseaux se dilatent et votre sang circule mieux dans votre corps.

Quelle(s) partie(s) de votre corps ressentez-vous le plus ?

____

____

____

____

____

____

Quelle partie de votre corps vous procure les sensations les plus agréables ?

____

____

____

____

STICKERS Collez le sticker correspondant à votre émotion.

OÙ EN ÊTES-VOUS

STICKERS Collez un sticker devant les affirmations qui vous correspondent.

Cette semaine, j'ai :

senti ma respiration et respiré par le ventre.

pensé à trouver mon équilibre debout, les pieds ancrés dans le sol (au supermarché, au bureau...).

relâché ma tête.

détendu mes yeux.

desserré mes mâchoires.

pris conscience des points de contact de mon corps avec la chaise ou le sol.

senti mon corps se détendre.

AUJOURD'HUI ?

Je note mes impressions quand je suis « présent » :

Qu'est-ce qui a changé ?

Au bout d'une semaine ?

De deux semaines ?

ÉTIREZ VOTRE CORPS

Lorsque nous utilisons les mouvements de notre corps consciemment (par des étirements ou des tensions), nous approfondissons notre détente et nous retrouvons tonus et dynamisme.
Nous descendons aussi beaucoup plus profondément dans la relaxation, au bord du sommeil.

BÉNÉFICES

Les exercices de mise en tension brusque du corps oxygènent le cerveau grâce à une meilleure circulation sanguine et permettent de lutter contre le surmenage intellectuel.

À pratiquer au bureau ou à la maison si vous avez un petit coup de fatigue ou besoin d'une récupération express (à la place d'un café !).

Asseyez-vous tranquillement
et fermez les yeux.
Observez la façon dont vous êtes assis,
l'appui de votre corps sur la chaise
et le sol. Respirez calmement.
Relaxez votre corps de la tête aux pieds
en vous concentrant
progressivement sur vos expirations.

Puis expirez complètement l'air de vos poumons
et inspirez à fond.
Retenez l'air quelques instants et tendez tous vos muscles :
placez vos mains derrière la nuque,
étirez et soulevez vos jambes vers l'avant.
Étirez tout votre corps en retenant votre souffle.

Expirez en relâchant l'ensemble de votre corps et revenez
à votre position initiale.
Relâchez vos muscles.

Récupérez : observez toutes vos sensations (picotements,
chaleur...). Plus vous écoutez les messages intérieurs
de votre corps (fourmillements...), plus les sensations
s'intensifient.
Plus vous vous relâchez, plus vous récupérez.

Recommencez cet exercice de tension du corps 2 fois de suite.

Revenez tranquillement en vous étirant agréablement,
avec la sensation d'avoir fait une micro-sieste !

RELAXEZ-VOUS EN BOUGEANT

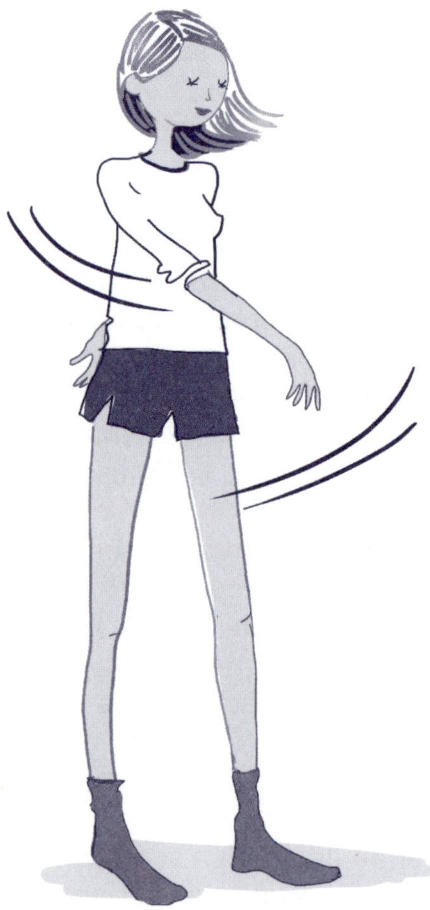

En position debout, bien en équilibre, les pieds à plat sur le sol, fermez les yeux.

*

Bougez votre buste en balançant tranquillement vos bras, du côté gauche puis du côté droit. Vos bras sont souples, tournent autour de vous et parfois claquent sur vos hanches ou vos fesses. Respirez calmement, librement. Ralentissez peu à peu votre souffle et concentrez-vous sur vos expirations. Restez présent et conscient de vos mouvements de balancement.

*

Au bout de quelques minutes, arrêtez le mouvement, votre corps retrouve sa position droite et vos bras se repositionnent à leur rythme le long de votre corps. Ressentez les bienfaits de l'exercice et recommencez autant de fois que vous le souhaitez.

BÉNÉFICES

Cet exercice est une autre façon de vous détendre et de relâcher votre tête.

LA CASCADE QUI LIBÈRE

Pour évacuer vos tensions physiques et mentales, amusez-vous à sautiller comme un pantin complètement désarticulé. Vous pourrez ensuite mieux savourer une immersion sous la cascade.

Lorsque vous êtes trop fatigué ou trop agité, cet exercice vous permettra de profiter de votre soirée et de mieux dormir.

Debout, prenez quelques minutes pour ressentir vos tensions ou votre agitation et respirez plusieurs fois très profondément.
Les yeux mi-clos, sautillez sur place quelques instants, en imaginant votre corps, vos bras, vos jambes, votre tête, tout ramollis, désarticulés, tel un pantin.
Faites une pause et ressentez à nouveau vos sensations.
Recommencez à sautiller une fois ou deux.

Asseyez-vous ensuite, les mains sur les cuisses, le dos droit, les pieds bien à plat. Relâchez au maximum votre corps.

Imaginez que vous partez au bord d'une magnifique cascade.
La température de l'air et celle de l'eau sont parfaites pour vous. L'eau qui coule a un son apaisant. Elle est limpide et provient d'une source naturelle. Imaginez-vous sous la cascade. Sous l'eau, vos tensions glissent et se détachent pour vous alléger. Vous vous sentez de plus en plus léger. L'eau emporte avec elle vos soucis, vos tracas du quotidien, votre fatigue. Sentez cette sensation d'être nettoyé, allégé.
Reprenez contact avec la pièce et avec votre corps. Étirez-vous et ouvrez les yeux.

VOTRE ÉCHELLE

	Tensions physiques	
	Avant	Après
L'étirement du corps		
Le balancement des bras		
Le pantin		
La cascade		

STICKERS Collez les stickers dans les colonnes "tensions physiques" pour évaluer vos sensations avant et après l'exercice.

DE TENSIONS

Tensions mentales

Avant	**Après**

STICKERS Collez les stickers dans les colonnes "tensions mentales", pour évaluer vos émotions avant et après l'exercice.

LE JEU DES SENSATIONS

Amusez-vous à découvrir vos sensations et à les observer.

STICKERS

Identifiez vos sensations sur les différentes parties du corps et indiquez leur intensité à l'aide des stickers + ou – .

Quelques exemples de sensations :

* des picotements au bout des doigts
* des fourmillements dans les mains
* des borborygmes dans le ventre
* les muscles des joues détendus
* les mâchoires desserrées
* un goût dans la bouche
* des odeurs
* le front lisse
* de la chaleur dans les bras ou les jambes
* de la lourdeur dans les bras ou les jambes
* de la légèreté dans la tête
* du calme
* « Je me sens tout drôle »
* « Je suis sur un nuage »

Vous pouvez maintenant décrire ces sensations :

LE POUVOIR DES MOTS

« Je pense, donc je ressens ! »
Nos pensées agissent sur notre corps, et inversement.

ET DES PENSÉES

Nous allons utiliser nos pensées pour modifier progressivement nos sensations physiques.
N'oublions pas que nos nouvelles perceptions physiques agréables vont entraîner de nouvelles pensées, et envoyer de nouvelles substances chimiques dans notre corps. Un nouveau processus se met en route.

Dans une position confortable, assis ou allongé, respirez profondément et fermez les yeux.
Commencez par vous répéter intérieurement et plusieurs fois la phrase suivante : « Je suis tout à fait calme. »
Puis concentrez-vous sur votre bras droit, en ressentant intérieurement ce bras et ses sensations et répétez-vous plusieurs fois : « Mon bras droit est lourd, très lourd, agréablement lourd. » Percevez la lourdeur de ce bras.
Procédez à l'identique avec votre bras gauche : « Mon bras gauche est lourd, très lourd, agréablement lourd. »
Puis vos deux bras ensemble : « Mes deux bras sont tout à fait lourds. »
Puis vos jambes : « Mes jambes sont lourdes. »
Puis vos deux bras et vos deux jambes : « Mes bras et mes jambes sont lourds. »
Ressentez ensuite tout votre corps en répétant mentalement : « Tout mon corps est lourd, agréablement lourd. »
Sentez votre respiration et dites mentalement : « Je respire calmement. »
Vous pouvez ajouter votre propre suggestion, par exemple : « Je dors comme un bébé » ou « Je me sens en pleine forme ».

Pratiquez cet exercice 1 à 2 fois par jour pendant 5 minutes.

« Tous les jours, à tous points de vue, je vais de mieux en mieux. »
Émile Coué faisait répéter cette phrase à ses patients 20 fois de suite 2 fois par jour.

Notez où, quand et à quelle heure vous pratiquez l'exercice précédent :

« Là où va la pensée, une substance chimique l'accompagne. » Deepak Chopra

BÉNÉFICES

Cet exercice diminue la pression sanguine et la tension artérielle. En régulant l'activité du système cardio-vasculaire, il permet un sommeil réparateur.

Quelle est votre suggestion personnelle ?

CONSTRUISEZ UN ÉTAT INTÉRIEUR POSITIF

« Aimez la force plutôt que la faiblesse.
Aimez la bonne santé plutôt que la maladie
et l'imagination dévastatrice aura du mal à s'installer. »
Alain

Les mots que nous utilisons et nos pensées sont toujours associés à des souvenirs, des images, des émotions et des sensations. Ainsi, nous pouvons choisir certains mots et observer leurs effets sur notre état mental. En devenant plus attentif à ce que nous nous disons, nous obtenons de meilleurs effets.

Bien installé, respirez profondément et observez votre corps se relâcher avec la respiration.

* Choisissez un **mot agréable** (chaleur, soleil, douceur, nuage, nature...) et répétez-le plusieurs fois dans votre tête **sur l'expiration**. **Notez le mot agréable que vous avez choisi :**

* Choisissez un **mot de détente** que vous souhaitez approfondir (calme, détente, relax, relâche...) et répétez-le plusieurs fois dans votre tête **sur l'expiration**. **Notez le mot de détente que vous avez choisi :**

* Choisissez une **qualité** que vous souhaitez développer intérieurement (confiance, équilibre, enthousiasme...) et répétez-la plusieurs fois dans votre tête **sur l'expiration**. **Notez la qualité que vous avez choisie :**

Puis observez vos sensations physiques, mentales et émotionnelles.
Retrouvez votre posture, votre environnement et étirez-vous.
Quel mot a le plus d'effet ?

CONCENTREZ-VOUS SUR UN ÉLÉMENT NATUREL

À tout moment de la journée.

Confortablement installé, en prenant conscience de vos points d'appui, respirez profondément plusieurs fois en relâchant votre corps à chaque expiration (visage, mâchoires, épaules, mains, ventre, fesses, pieds).
Yeux fermés, imaginez sur un écran un élément de la nature (feuille, arbre, fleur, fruit, légume...).
Regardez-le dans tous ses détails : sa forme, sa couleur, sa texture, sa taille, son poids.
L'écran s'efface, seul l'élément choisi est important et présent. Vos yeux sont une caméra qui se promène partout, même à l'intérieur. Imaginez que vous le touchez, le sentez, le soupesez, en faites le tour.
Laissez l'élément naturel choisi de côté et retrouvez la position de votre corps.
À nouveau, retrouvez-le et détaillez-le encore davantage.
Effectuez ce va-et-vient plusieurs fois et ouvrez les yeux.

Dessinez votre élément de la nature ou collez une photo.

BÉNÉFICES

Cet exercice permet d'interrompre les pensées qui vous perturbent, de débarrasser votre esprit des choses inutiles, de faire de la place pour de nouveaux projets et d'être plus attentif.

LE LAC QUI APAISE L'ESPRIT

Installez-vous tranquillement et fermez les yeux. Respirez plusieurs fois profondément et visualisez (ou imaginez) un lac tranquille, sans vent. L'eau est claire, sans aucun mouvement.
Observez les reflets dans l'eau (nuages, soleil, arbres, oiseaux, feuilles...). Concentrez-vous 1 à 2 minutes sur la surface toute lisse de ce lac.
Puis revenez à vous-même.

Collez une photo ou une image de votre lac, ou dessinez-le.

DESSINEZ POUR VOUS

Placez le bout de votre crayon au centre de ce signe de l'infini.
Inspirez, retenez votre souffle le plus longtemps possible et suivez le tracé avec la pointe du crayon. Expirez en revenant au centre du dessin.
Exercez-vous également les yeux fermés.
Vous pouvez aussi augmenter la taille de votre dessin en utilisant une grande feuille ou un tableau.

ET RESPIREZ CONCENTRER

Notez vos impressions pour tous ces exercices de concentration (élément de la nature, lac, signe de l'infini).

STICKERS

Collez le sticker ICI sur cette ligne graduée pour mesurer votre capacité de concentration.

1 2 3 4 5 6 7 8 9 10

Collez les stickers + et – pour mesurer vos pensées perturbatrices avant et après avoir réalisé les exercices.

Avant les exercices, je me sentais	**Après les exercices, je me sens plutôt**

ALLEZ AU BORD

Le « bord du sommeil », ou « niveau sophro-liminal », consiste à atteindre des ondes cérébrales Alpha, riches en sensations positives. Notre cerveau va dispenser des hormones de bien-être qui vont nous permettre d'être plus créatifs, plus réceptifs et surtout plus positifs. Ces ondes sont en lien avec notre système nerveux parasympathique, de plus en plus perturbé par la vie trépidante et la course contre le temps que nous menons.

* Bien installé, fermez les yeux. Observez vos points d'appui et votre respiration. Relâchez complètement votre visage (yeux, mâchoires).

* Sentez votre nuque, vos épaules et vos bras se détendre. Puis sentez votre poitrine bouger au rythme de votre souffle, votre dos, vos fesses, votre ventre et vos jambes jusqu'au bout des orteils. Sentez votre corps se relâcher le plus possible.

* Focalisez-vous ensuite uniquement sur vos expirations, en soufflant lentement.

* Imaginez un très bel **escalier de 7 marches** aux couleurs de l'arc-en-ciel. Descendez chaque marche en expirant, de la 7e à la 1re marche.

* Chaque expiration est un palier supplémentaire pour descendre jusqu'au **bord du sommeil**.

* Prolongez ce moment quelques instants en bas de votre escalier. Profitez des sensations agréables que vous procure cet état intérieur.

* Puis remontez progressivement chaque marche en respirant plus amplement et en bougeant votre corps. Reprenez contact avec votre environnement avant d'ouvrir les yeux.

DU SOMMEIL

Pour ne pas vous endormir et profiter pleinement de cet état intérieur, restez assis et gardez votre dos droit. Vous pouvez même le décoller du dossier de la chaise.
Entraînez-vous régulièrement à faire cet exercice et à créer une nouvelle habitude de récupération.

« Quand vous serez devenu réceptif, vous jouirez bien plus de la vie.
Tout vous intéressera. » Vittoz

Décrivez vos perceptions.

Au bout d'une semaine, quelle(s) différence(s) constatez-vous ?

STICKERS Avez-vous récupéré de l'énergie ? Collez le sticker (+), (++) ou (−).

CRÉEZ

Une musique vous rappelle votre première rencontre amoureuse, une odeur de gaufres vous évoque la fête foraine... Et si vos sensations avaient une mémoire ?

* Bien installé, fermez les yeux. Avec de grandes respirations, relâchez au maximum votre corps de la tête aux pieds. En suivant vos expirations, descendez au bord du sommeil (voir p. 46).

* Laissez venir dans votre esprit **un souvenir positif de bien-être**, un moment agréable (en vacances, en famille, lors d'une pratique sportive ou d'un instant de calme...).

* Observez tous les détails de ce souvenir : ce que vous voyez, entendez, sentez, touchez (par exemple, si vous êtes en train de nager, vous pouvez retrouver la sensation de l'eau sur votre corps ou, si vous faites du vélo, celle des pédales sous vos pieds).

* Ressentez toutes les sensations et les émotions agréables à l'évocation de ce souvenir (du plaisir, de l'énergie, la sensation d'être grisé...).

* Lorsque vous vous sentez bien dans l'expérience, mettez en contact 2 doigts de la main avec laquelle vous n'écrivez pas.
Ressentez la pression de vos doigts dans ce geste. Cette pression mémorise entièrement ce souvenir (images, sons, émotions et sensations). Il s'agit d'un **« geste-signal »**.

* Respirez profondément tout en activant plusieurs fois votre geste-signal avec vos doigts puis retrouvez votre vigilance habituelle.

BÉNÉFICES

Vous pouvez utiliser ce geste-signal pour mémoriser des moments positifs et agréables de votre quotidien. Leur souvenir en sera renforcé. Plus vous utiliserez ce geste-signal, plus il sera puissant et efficace !

VOTRE MADELEINE DE PROUST

Décrivez votre souvenir et les détails qui y sont associés (sensations, émotions) :

Dans quelle situation de votre quotidien, avez-vous pensé à activer votre geste ? (Par exemple : « J'ai fait un câlin à mon enfant », « J'ai partagé un moment avec des amis », « J'ai fait du sport »...)

DÉVELOPPEZ UNE

Installez-vous et respirez profondément.

Avec vos expirations, laissez-vous aller tout au bord du sommeil.

Retrouvez dans votre esprit le **souvenir positif** d'un moment où vous avez **réussi** quelque chose, comme un examen, un superbe dîner, un gros travail, une compétition, une randonnée difficile, etc.

RESSOURCE POSITIVE

Retrouvez la scène dans tous ses détails (les images, les sons, les sensations, les émotions et un sentiment de fierté). Imprégnez-vous de tous ces détails **à chaque respiration. Revivez la scène quelques instants. Laissez-vous submerger par les émotions positives de ce moment de réussite**. En expirant, ce sentiment de réussite et de confiance se propage dans toutes les cellules de votre corps.

Ressentez ces émotions, là, **maintenant**.

En gardant la scène en mémoire dans ses moindres détails, inspirez profondément et suspendez votre souffle quelques instants en **contractant agréablement tout votre corps** (le visage avec une grimace, les mains en serrant les poings, le ventre, les fesses, les jambes et les pieds en les soulevant). Tout votre corps, toutes vos cellules se remplissent du positif de cette expérience.

Relâchez votre corps et savourez les sensations positives que vous y avez apportées.

Avec vos expirations, recommencez et redescendez les paliers pour atteindre à nouveau le bord du sommeil. Retrouvez votre souvenir positif pour vous en imprégner et contractez à nouveau tout votre corps.

Recommencez plusieurs fois. Peu à peu, les traces positives de ce souvenir augmentent et restent dans votre corps.

Puis, doucement, retrouvez votre position sur la chaise et votre environnement. Puis ouvrez les yeux.

BÉNÉFICES

Pour développer de nouvelles capacités et trouver
de nouvelles ressources.
Ramener des évènements positifs du passé au présent permet
de construire le futur.

Décrivez votre souvenir et le sentiment qu'il vous a procuré :

« Nos expériences ne nous trompent jamais. Ce sont nos jugements qui se trompent. »
Léonard de Vinci

Notez l'impact de cet exercice. Quel projet ou quelle réalisation vous semble désormais possible ?

VOTRE BOÎTE À OUTILS

Parmi ces « outils », barrez « l'intrus ».

Réponse : Marche. Cette pratique ne figure pas
dans les exercices proposés par ce cahier.

Ajoutez les « outils » oubliés :

Réponse : signe de l'infini,
souvenir positif,
élément de la nature.
Ils correspondent aux exercices de ce cahier.

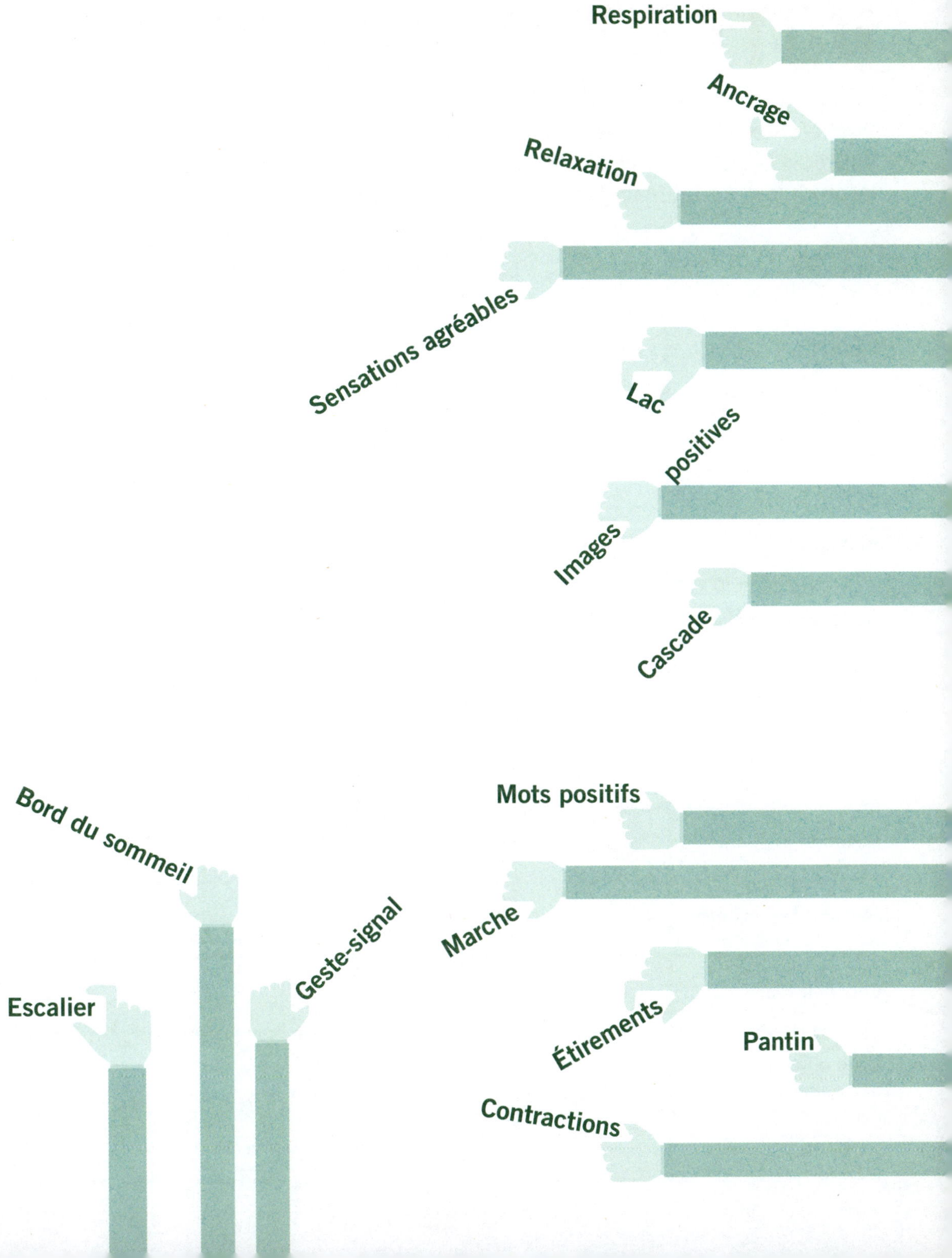
Respiration
Ancrage
Relaxation
Sensations agréables
Lac
Images positives
Cascade
Bord du sommeil
Mots positifs
Marche
Geste-signal
Escalier
Étirements
Pantin
Contractions

NOTEZ VOS PROGRÈS

Quelle(s) technique(s) avez-vous le plus utilisée(s) pour améliorer vos objectifs ? Appréciez et suivez vos progrès en comptant vos points. Reproduisez ce tableau pour la 2e et la 3e semaine.

STICKERS Collez 1 sticker : = 1 point, = 2 points, = 3 points.

Exercices / Objectifs à améliorer	Respiration	Détente du corps	Mouvements dynamiques	Cascade	Pen et n pos
Exemple : Sérénité					
Bien-être					
Détente corporelle					
Rumination mentale					
Gestion des émotions					
Sommeil					
Gestion de l'anxiété					
Concentration					
Votre objectif personnel : …………………………					

Élément naturel	Lac	Escalier	Geste-signal	Ressource positive	Total 1re semaine
					9

POUR ALLER PLUS LOIN

Connaissez-vous cette découverte de Michel Jouvet, neurophysiologiste ? La veille d'une compétition, un skieur, les yeux fermés, se représente sa descente. Si l'on enregistre son activité cérébrale, on obtient à peu près le même résultat que s'il était en train de skier réellement ! Le cerveau ne fait pas la différence entre ce qu'il imagine et ce qu'il vit en réalité !

La sophrologie permet de se préparer à atteindre des objectifs en développant des ressources et en visualisant des scènes du futur de façon positive.

* Pour se préparer à une compétition sportive, un examen, une intervention en public.
* Pour mieux vivre sa grossesse et son accouchement.

Accompagné d'un spécialiste*, vous pourrez apprendre à vous projeter positivement dans le futur.

« Demain ne sera pas comme hier,
il sera nouveau et il dépendra de nous.
Il est moins à découvrir qu'à inventer. »
Gaston Berger

*Fédération française de Sophrologie (www.federation-sophrologie.org) et Société française de Sophrologie (www.sophrologie-francaise.com)

LES 10 COMMANDEMENTS DE LA SOPHROLOGIE

1

Pensez que vous avez envie d'aller mieux, ce sera votre intention de départ.

2

Pour obtenir des acquis plus rapidement, pratiquez de façon régulière (même si les séances sont très courtes).

3

Préférez la position assise, plus tonique et active. Les pieds bien posés à plat sur le sol, les mains sur les cuisses.

4

Vivez chaque séance avec un regard neuf, comme si c'était la première fois. Chaque séance est différente. Laissez-vous surprendre.

5

L'objectif n'est pas de « faire une bonne séance ». Lâchez prise et observez ce qui se passe (commencez par observer les sensations physiques puis, dans un second temps, vos émotions). Ne cherchez pas à tout prix à ressentir telle ou telle sensation. Accueillez simplement ce qui vient.

6

Il n'y a rien à réussir, rien à échouer : ne portez aucun jugement sur vous-même ou votre pratique. Chaque personne est unique. Devenez l'observateur bienveillant des sensations qui se présentent à vous et de ce que vous avez réalisé.

7

Si des tensions ou des douleurs sont présentes et subsistent, observez-les et acceptez-les : « C'est la réalité présente. » Orientez votre attention sur les parties du corps qui se relâchent et intéressez-vous à ces sensations en priorité.

8

Si des pensées ou des idées surviennent, laissez-les passer, comme un nuage au-dessus de votre tête. Ne cherchez pas à les attraper et ramenez doucement votre attention sur vos sensations corporelles et votre respiration.

9

Tenez un petit carnet pour noter vos observations (sensations, tensions, émotions, questions) et les changements que vous pourrez observer. Pensez à chaque fois à noter ce qui a été POSITIF en priorité (pour orienter votre esprit dans cette logique) et notez ensuite les éléments moins agréables.

10

Remplissez une grille d'évolution chaque semaine pour prendre conscience de tous les changements qui se mettent en place en vous (voir p. 58).

« Prenez le temps de créer l'habitude de vivre consciemment ! »

BIBLIOGRAPHIE

Bussillet Michelle, *Habiter son corps, Découvrir son être,* Chronique Sociale, 2013.

Davrou Yves, *La sophrologie facile,* Marabout, 2013.

Loussouarn Thierry, *Transformez votre vie par la sophrologie,* Dangles, 1990.

Pecollo Jean-Yves, *La sophrologie au quotidien,* J'ai Lu, 2003.

Saldmann Frédéric, *Le meilleur médicament, c'est vous !,* Le Grand Livre de Poche, 2016.

Servant Dominique, *La relaxation : nouvelles approches, nouvelles pratiques,* Elsevier Masson, 2015.